doc à doc

LES VOLCANS

Stephanie Turnbull
Maquette : Nancy Leschnikoff
Illustrations : Andy Tudor

Expert-conseil sur les volcans : le professeur Gillian Foulger, département Sciences de la Terre, université de Durham
Illustrations supplémentaires : Tim Haggerty

Pour l'édition française : Traduction : Caroline Slama
Rédaction : Renée Chaspoul et Nick Stellmacher

Sommaire

Une Terre en colère

Il existe dans le monde des milliers de volcans. Certains d'entre eux crachent de la roche en fusion, appelée lave. D'autres rejettent des nuages de cendres. Voici le mont Etna, en Sicile, expulsant de la lave.

La formation

La Terre est recouverte d'une sorte d'écorce, la croûte terrestre. Sous celle-ci, on trouve une épaisse couche de roche brûlante : le manteau.

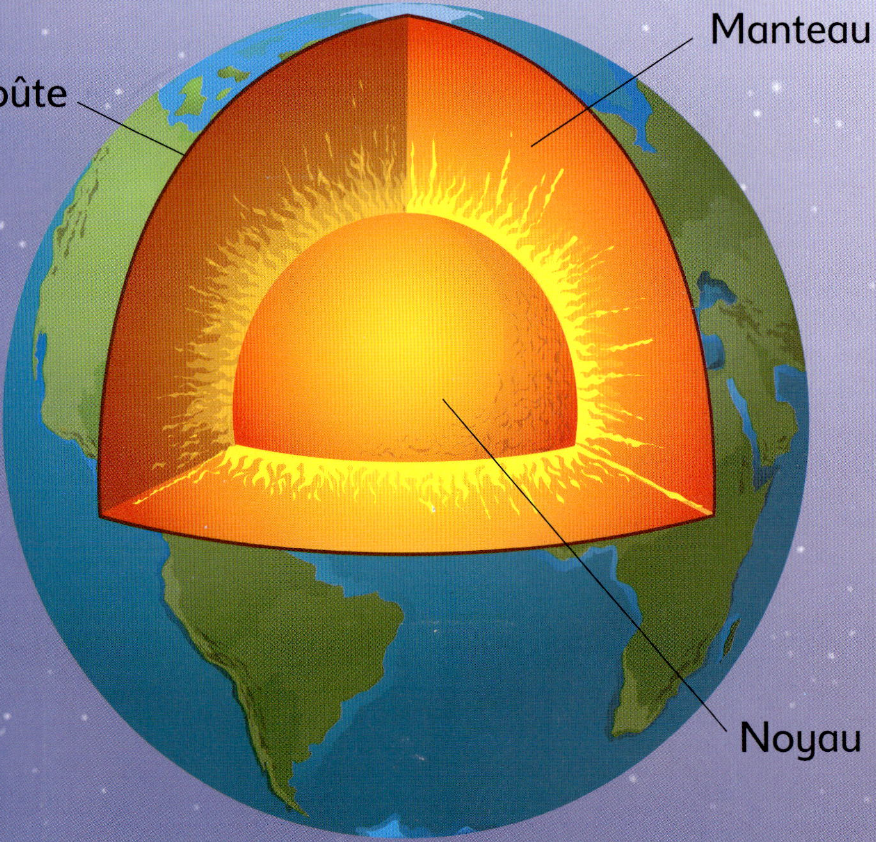

Le centre de la Terre porte le nom de noyau. Il est composé de métal extrêmement chaud.

La croûte comporte de nombreuses fissures, dans lesquelles remonte la roche en fusion.

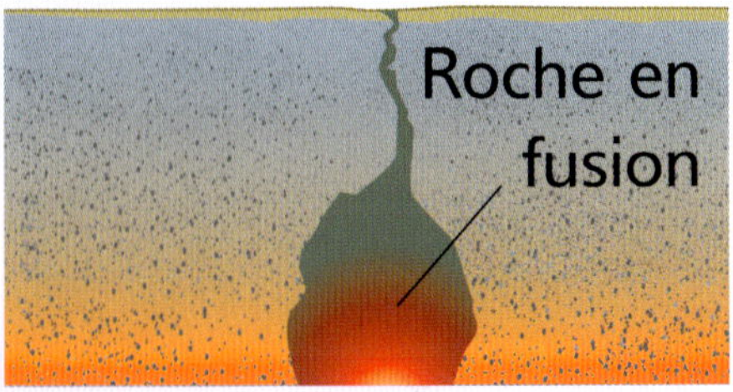

Cette roche s'accumule et jaillit sous forme de lave. C'est ce que l'on appelle une éruption.

La lave se solidifie en roche. Les couches de lave s'entassent à la suite des éruptions.

Les volcans tiennent leur nom de Vulcain, le dieu romain du feu.

Une fontaine de feu

Certaines laves sont liquides, ce qui permet au gaz qu'elles contiennent de s'échapper facilement. Les éruptions sont alors modérées.

Voici le Piton de la Fournaise, sur l'île de la Réunion. La lave liquide en jaillit comme d'une fontaine.

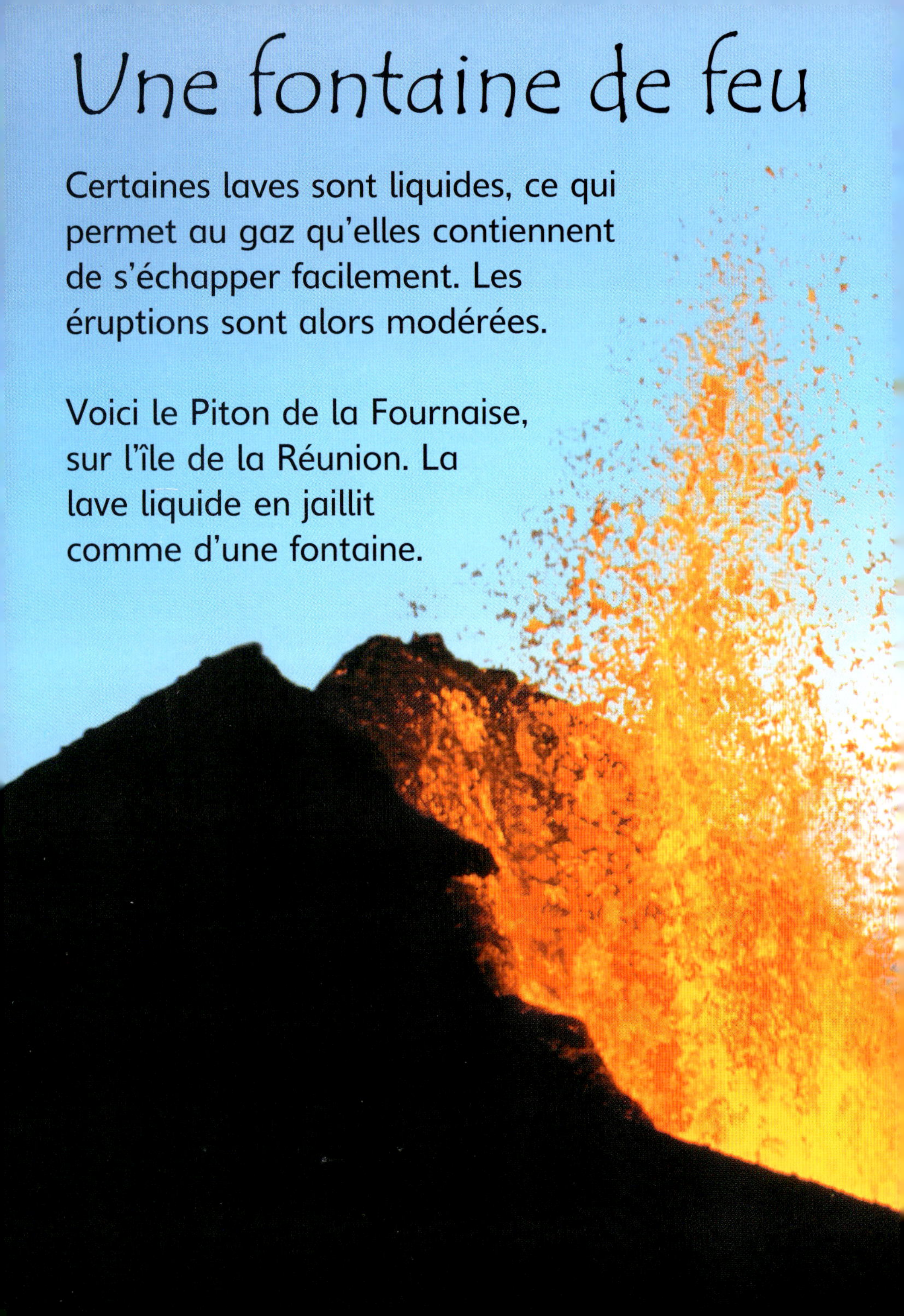

La lave liquide ressemble à du miel peu épais ou à de la cire chaude. Elle coule loin le long des pentes du volcan avant de se refroidir et de se solidifier.

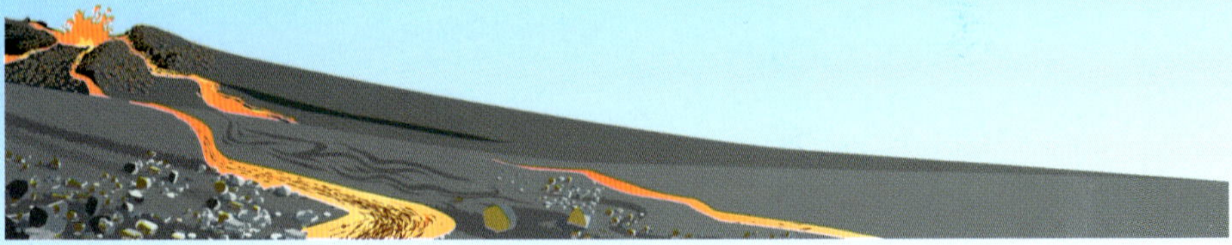

Un volcan aux pentes douces se forme petit à petit.

La plus grande fontaine de lave atteignait cinq fois la hauteur de la tour Eiffel.

Grandes explosions

Certains volcans rejettent une lave épaisse pleine de bulles de gaz. Ce gaz fait jaillir la lave dans une éruption violente.

Des nuages de cendre et de gros morceaux de lave sont projetés haut dans l'air.

Certains morceaux de lave sont des roches irrégulières que l'on appelle des blocs.

D'autres morceaux refroidissent en formes longues et tordues appelées bombes.

Certains blocs de lave sont aussi gros que des camions.

Des rivières brûlantes

La lave qui s'écoule d'un volcan en éruption est beaucoup plus chaude que l'eau bouillante.

Cette rivière de lave rougeoyante embrase tous les arbres, plantes et bâtiments qu'elle atteint.

La lave épaisse avance lentement, ce qui permet aux hommes et aux animaux de s'enfuir.

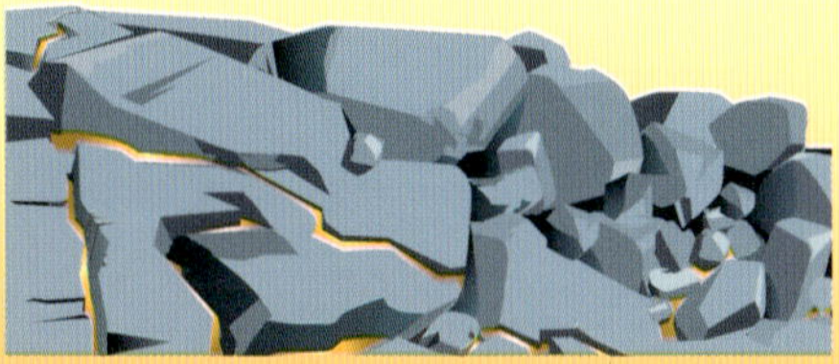

En refroidissant, la lave épaisse se casse en gros blocs irréguliers.

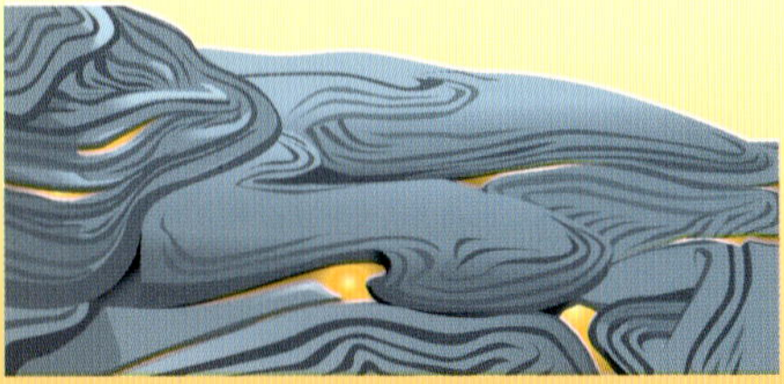

La lave liquide, elle, prend des formes lisses et sinueuses.

Des nuages mortels

Les éruptions violentes recrachent d'épais nuages de cendres, de roches et de gaz, qui descendent le long des flancs du volcan.

Ce nuage terrifiant a jailli du mont Pinatubo, aux Philippines, en 1991 et recouvert toutes les terres alentour d'un épais manteau de cendres.

Parfois, la neige et la glace au sommet d'un haut volcan fondent et se mêlent à la cendre.

Ce mélange boueux déboule du volcan comme une rivière de béton chaud et humide.

Ces nuages de cendre sont plus rapides qu'une voiture de course.

Éruptions sous la mer

De nombreux volcans se forment sous la mer. Ils entrent en éruption doucement et la lave refroidit rapidement dans l'eau.

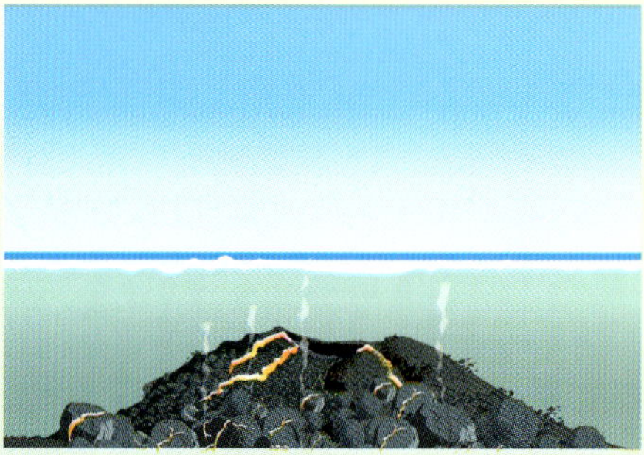

1. Un volcan sous-marin grandit au fur et à mesure des éruptions.

2. Quand il atteint la surface, des nuages de vapeur s'élèvent.

3. Le sommet du volcan finit par sortir de la mer.

4. La lave continue de s'amonceler jusqu'à former une île.

Cette photographie, prise de l'espace, montre l'île d'Hawaii.

Cette île a été formée par des volcans sous-marins.

La zone sombre au centre de l'île est le Mauna Loa, le plus grand volcan du monde.

La lave sous-marine peut se solidifier en roches rondes, dite lave en coussin.

Une eau chaude

La roche en fusion qui se trouve sous un volcan chauffe le sol autour de celui-ci.

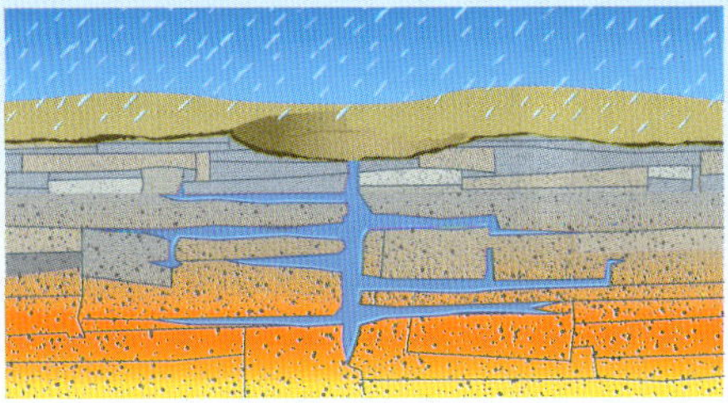

Le sol chauffe à son tour l'eau de pluie qui s'y trouve.

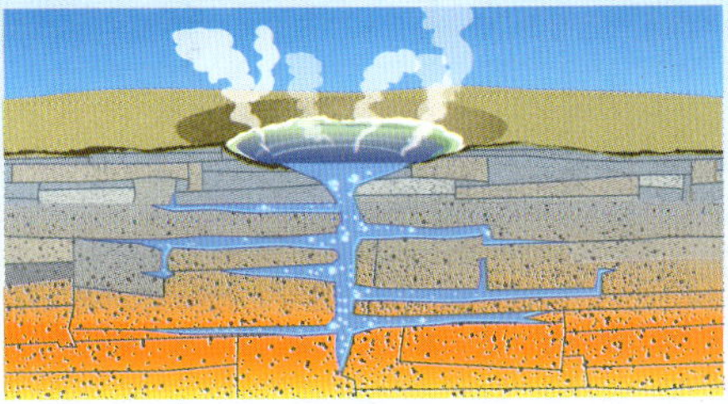

L'eau chauffée sort à gros bouillons et forme une source chaude.

En Islande, l'eau des sources chaudes est utilisée dans les piscines.

Ces singes des neiges se réchauffent dans une source chaude. Cette source, située en altitude dans les montagnes du Japon, est chauffée par le volcan Shiga Kogen.

Les fumeurs noirs

Des sources chaudes, appelées fumeurs noirs, se forment parfois autour des volcans sous-marins.

Ce sont des jets d'eau sombre et trouble.

Les minuscules grains dans l'eau s'accumulent pour former de grandes cheminées.

Les vers tubicoles et les crevettes se nourrissent de l'eau trouble autour des fumeurs noirs.

Les crabes et de longs poissons appelés lottes y vivent aussi, et se nourrissent de petits animaux.

Il arrive également qu'une pieuvre des profondeurs visite les fumeurs noirs à la recherche de nourriture.

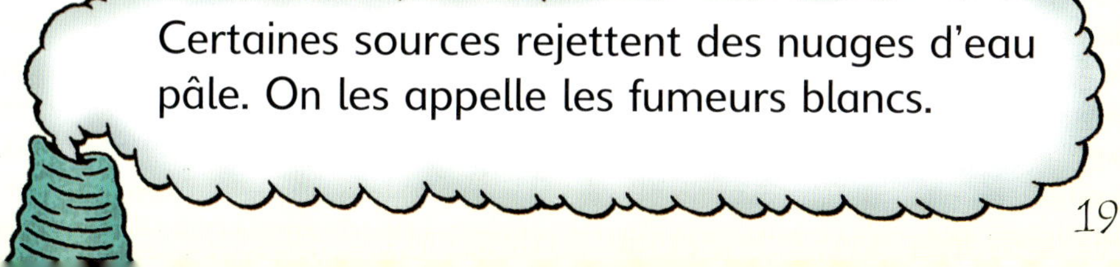

Certaines sources rejettent des nuages d'eau pâle. On les appelle les fumeurs blancs.

Des geysers géants

Parfois, l'eau chauffée par un volcan jaillit du sol dans un nuage de vapeur. On appelle ce phénomène un geyser.

Voici le geyser « Vieux Fidèle », dans le parc naturel de Yellowstone, aux États-Unis.

De l'eau bouillante sort du sol toutes les heures.

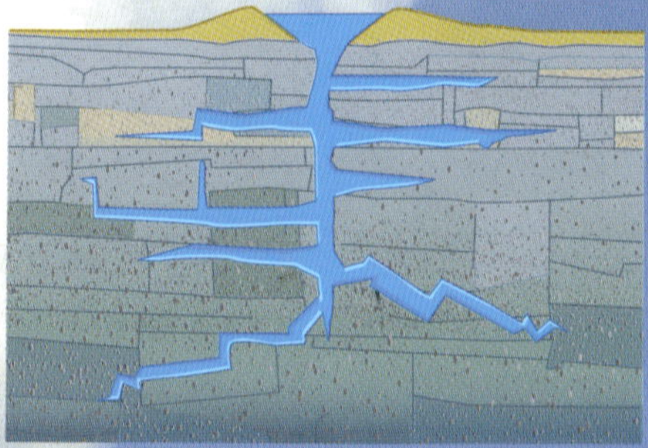

1. L'eau de pluie est emprisonnée dans les petites fissures du sol.

2. Les roches volcaniques en fusion chauffent l'eau jusqu'à ce qu'elle bouille.

3. L'eau bouillante jaillit dans l'air d'un seul coup.

4. Elle revient se loger dans les fissures, où elle se remet à chauffer.

Certains utilisent la boue chaude autour des geysers pour garder la peau douce.

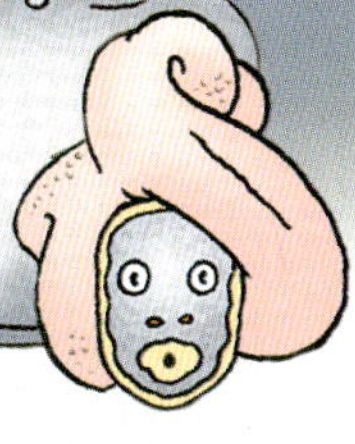

Vivant ou éteint ?

Les volcans vivants sont ceux qui entrent en éruption ou peuvent le faire. Les volcans éteints n'entreront plus jamais en éruption.

Voici le mont Popa, un volcan éteint de Birmanie. Un temple a été construit à son sommet.

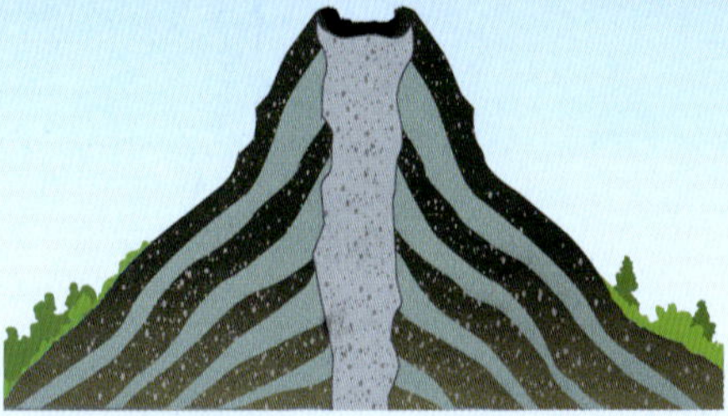

Un volcan peut passer au stade éteint si de la lave durcie bouche sa cheminée principale.

Après des années, les pentes du volcan s'usent, ne laissant apparaître que le bouchon de lave.

Certains volcans n'entrent pas en éruption pendant des milliers d'années, mais ils ne sont pas morts, juste endormis.

La violence du Vésuve

L'une des plus terribles éruptions jamais connues a eu lieu au mont Vésuve, en Italie, il y a 2 000 ans.

Des cendres et des roches furent propulsées du volcan sur la ville de Pompéi.

Certains habitants se dépêchèrent de fuir la ville, tandis que d'autres préférèrent se cacher chez eux.

Ce jour-là, Pompéi fut recouverte d'une rivière de boue et de cendre qui durcit comme du ciment.

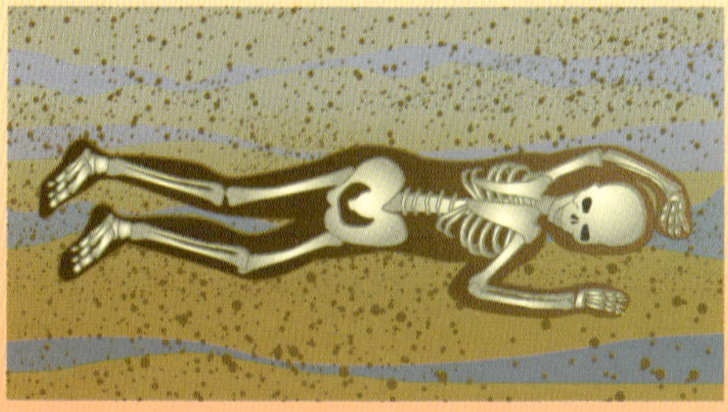

Plus tard, des experts découvrirent des trous dans la roche, laissés par les corps des gens.

Ils remplirent ces trous de plâtre et découpèrent la roche pour obtenir l'empreinte des corps.

Ici, le modèle en plâtre d'un homme qui mourut étouffé par les cendres.

On a aussi retrouvé un four contenant encore d'anciennes miches de pain.

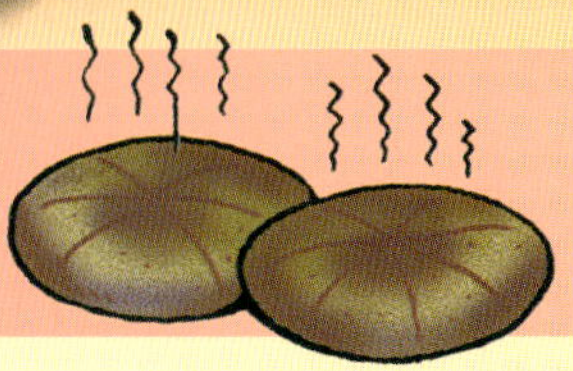

En Amérique

En 1980, le mont Saint Helens, une haute montagne américaine recouverte de neige, explosa dans une éruption gigantesque.

Voici un dessin du mont Saint Helens avant son éruption.

L'un des versants du volcan commença à gonfler. Le sol se mit à trembler.

Soudain, ce versant explosa dans un nuage de cendres et de roches.

Les petits animaux échappèrent à l'éruption en se réfugiant sous terre.

Voici une image du mont Saint Helens après l'éruption. Une partie du volcan a disparu et toutes les terres alentour sont détruites.

Le volcan s'est remis à gronder en 2004. Une autre éruption se prépare peut-être ?

Les vulcanologues

Les vulcanologues ont pour travail d'étudier les volcans et de prévoir les futures éruptions.

Ce vulcanologue utilise une machine qui permet de détecter les changements dans le niveau du sol.

Si une bosse apparaît sur le flanc d'un volcan, cela signifie parfois que de la roche en fusion pousse en dessous.

Un volcan peut rejeter beaucoup de gaz avant une éruption. Les experts prélèvent donc des échantillons de gaz.

Le sol peut aussi trembler avant une éruption. Des machines mesurent ces tremblements.

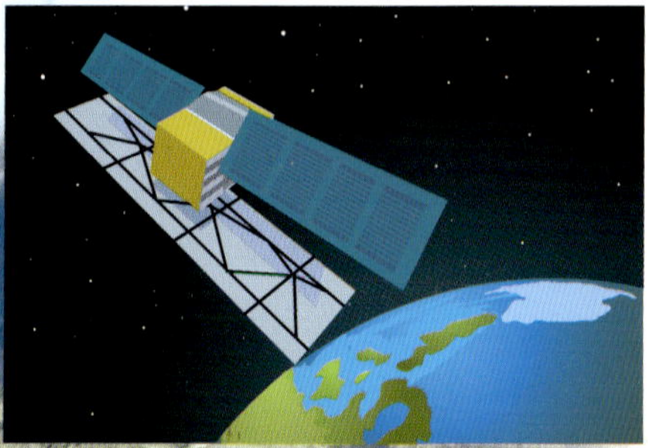

Des satellites prennent des photos depuis l'espace pour détecter les changements de forme du volcan.

Certaines personnes pensent que les animaux sont capables de pressentir les éruptions.

Vocabulaire des volcans

Voici quelques-uns des mots utilisés dans ce livre, avec leur définition. Peut-être ne les connaissais-tu pas.

lave : roche en fusion qui sort d'un volcan en éruption.

source : eau qui sort du sol. Elle peut être chaude s'il y a un volcan.

ver tubicole : long ver à pointe rouge qui s'attache au sol marin.

geyser : source qui propulse un jet d'eau brûlante du sol.

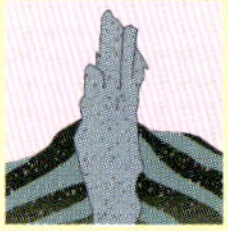

éteint : mort. Un volcan éteint n'entrera plus jamais en éruption.

vulcanologue : scientifique qui étudie les volcans.

satellite : engin spatial qui prend des photos de la surface de la Terre.

Sites Web

Si tu as un ordinateur, tu peux chercher sur Internet d'autres informations sur les volcans. Sur le site Quicklinks d'Usborne, tu peux déjà te connecter aux sites suivants :

Site 1 : Découvre une mine d'informations sur les volcans, illustrées d'images et de vidéos.

Site 2 : Un site interactif sur les volcans.

Site 3 : Fabrique ton propre volcan, avec l'aide de tes parents.

Site 4 : Regarde des vidéos de volcans en éruption.

Voici le mont Etna, le plus grand volcan d'Europe.

Pour accéder à ces sites, connecte-toi au site Web Quicklinks d'Usborne sur **www.usborne-quicklinks.com/fr**. Lis les conseils de sécurité et tape le titre du livre.

Index

Remerciements

Manipulation photo : Mike Wheatley, Nick Wakeford et John Russell
Remerciements à Rosie Dickins et Catriona Clarke

Crédit photographique

Les éditeurs remercient les personnes et organismes suivants pour l'autorisation de reproduire leurs documents © **Age Fotostock/Powerstock** 6-7 ; © **Corbis** 12-13 (Alberto Garcia), 22-23 (Christophe Loviny), 25 (Roger Ressmeyer) ; © **Getty Images** Couverture (Ezio Geneletti), 1 (Richard A Cooke III), 31 (Art Wolfe) ; © **Mauritius/Powerstock** 8-9 ; © **NASA/Science Photo Library** 15 ; © **National Geographic/Getty Images** 20-21 (Norbert Rosing) ; © **Photolink/Getty Images** 27 ; © **Reuters/Corbis** 10-11 (Tony Gentile) ; © **Science Pho Library** 16-17 (Akira Uchiyama) ; © **Still Pictures** 2-3 (Otto Hahn) ; © **University of Victoria** 18 (Dr Verena Tunnicliffe) ; © **USGS** 28-29 (Mike Poland).